얼쑤절쑤!
우리 마을
명절 대장
나보름이
간다!

교과서 개념 잡는 초등 사회그림책

열두 달 우리 명절과 놀이

얼쑤절쑤! 우리 마을 명절 대장 나보름이 간다!

글 김수정 · 그림 최정인

감수 정연학(국립민속박물관 학예연구관)

차례

교과서 개념을 다지는 **단계별 워크북**이 들어 있어요.

초등 교과서의
핵심 개념을 담았습니다.

1학년 2학기 가을

– 추석

추석이다!
추석을 준비해요
추석 상차림
감사합니다
달두 달두 밝다

1학년 2학기 겨울

– 여기는 우리나라

재미난 우리 놀이
색이 고운 우리 옷
맛나고 정겨운 우리 음식

3학년 2학기 사회

– 시대마다 다른 삶의 모습

옛날과 오늘날의 세시 풍속

느린 마을에서의 첫날

나지막한 산 아래 자리한 느린 마을에 반가운 까치 소리가 요란해요.
보름이네는 아빠의 고향 느린 마을로 이사 왔어요.
이제 아빠는 큰아버지처럼 멋진 농부가 될 거예요.
친척들 가까이에 살게 된 것은 좋지만 보름이는 마을 풍경이 낯설기만 해요.
"보름아, 이웃집에 이사 떡 좀 갖다 드려라."
"이걸 다 혼자 날라야 해요?"
보름이는 투덜대며 김이 모락모락 나는 시루떡을 들고 집을 나섰어요.

이 집 저 집 떡을 나르다 보니 이마에 땀이 송골송골 맺혔어요.
이웃들이 고맙다고 음식을 주는 바람에 쟁반은 여전히 무거웠어요.
"꼬맹이, 어디 가냐? 형님한테 배꼽 인사 해야지?"
사촌 형 동호가 길을 막아서며 말했어요.
안 그래도 힘든데 보름이는 짜증이 났어요.
'칫, 두 달 먼저 태어났다고 꼬박꼬박 형이래.'
보름이는 덩치만 크고 어수룩한 동호를 형이라고 부르고 싶지 않았어요.
"난 엄마 심부름 가야 하니까 비켜 줄래? 뚱호 씨!"
"엉금엉금 기어서 언제 갈래? 쟁반도 턱턱 못 드는 약골 주제에!"
보름이는 동호와 티격태격하며 느린 마을에서의 첫날을 보냈어요.

음력 1월 1일

설빔 차려입고 복 받는 날, 설

"잠꾸러기야, 호랑이가 잡으러 왔다. 어흥!"
누군가 귀에 대고 소리치는 바람에 보름이는 깜짝 놀라 일어났어요.
설빔을 차려입은 동호와 사촌 동생 연우였어요.
"깨우지 마. 어젯밤에 늦게까지 책 봤단 말이야."
연우가 다시 따뜻한 이불 속으로 들어가려는
보름이의 손을 잡아끌었어요.
"할아버지가 오빠 데려오래. 빨리 설빔으로 갈아입어."
할머니가 직접 만든 설빔은 통통한 동호에게도,
키가 작은 보름이에게도, 예쁜 연우에게도 꼭 맞았어요.

설빔
설에 입는 새 옷이에요.
아이들에게는 여러 색의
옷감 조각을 이어 색동저고리를
만들어 주기도 했어요.

세화

새해를 맞아 나쁜 기운을 쫓기 위해 대문에 붙이는 그림이에요. 호랑이나 닭이 그려진 그림을 붙였어요.

"새해 첫날부터 늦잠이냐?"

보름이는 할아버지 댁에 가는 내내 동호의 잔소리를 들었어요.

"그만 좀 해. 이 잔소리 대장아!"

할아버지 댁 대문 앞에 다다르자 보름이는 동호를 밀치고 먼저 들어가려 했어요.

"앗! 깜짝이야."

보름이는 대문에 붙은 호랑이 그림을 보고 눈이 휘둥그레졌어요.

"으하하. 넌 그림 보고도 놀라냐?

집에 나쁜 기운이 들어오지 말라고 붙인 거야. 너 같은 약골은 들어와도 되나?"

보름이를 놀리며 뒷걸음치던 동호는 그만 엉덩방아를 찧고 말았어요.

"뚱호 형은 용감한 대신 엉덩이가 무거운가 봐?"

"조상님께 새해 인사를 드리자꾸나."
정성껏 마련한 차례상에 할아버지가
떡국을 올렸어요.
"난 떡국 두 그릇 먹고 두 살 더 먹어야지."
동호가 군침을 흘리며 말했어요.
차례를 마치고 보름이와 동호, 연우는
어른들께 세배를 올렸어요.
"새해 복 많이 받으세요."

차례

설과 추석에 지내는 제사예요.
조상에게 감사하고 집안에 나쁜 일이
없기를 바라는 마음으로 차례를 지내요.

명절은 왜 생겼어요?

열심히 농사를 지은 후에 휴식을 취하고 조상이
보살펴 주는 것에 감사하기 위해 생겼어요.

왜 명절은 해마다 같은 날이에요?

명절은 계절의 변화에 맞춰서 정한 중요한
때를 기념하는 날이기 때문이에요.

세배

집안 어른들께 큰절을 올리면서 하는 새해 인사예요. 아랫사람이 세배를 하면 어른들은 덕담과 함께 세뱃돈을 주어요. 옛날에는 복을 바라는 마음으로 복주머니를 주기도 했어요.

왜 계절의 변화에 맞추는 거예요?

주로 농사를 짓고 살던 우리 조상들은 농사를 잘 짓기 위해서 여러 일들을 계절의 변화에 맞추어 했어요.

옛날 사람들은 어떻게 명절을 보냈어요?

하늘과 조상에게 감사하며 제사를 지내고, 여러 가지 놀이와 함께 복을 부르는 특별한 일들을 했어요.

"어서 모여라. 신나는 설놀이 한마당을 펼쳐 보자꾸나."
할아버지의 부름에 모두가 한자리에 모였어요.
제일 먼저 윷판이 벌어졌어요.
"윷놀이 하면 내가 최고지!
던질 때마다 윷이 나오는 동호 편으로 오세요."
"흥, 윷놀이는 말판을 잘 써야지. 우리 편이 이길걸!"
윷놀이를 하는 동안에도 보름이와 동호의 실랑이는
끝나지 않았어요.

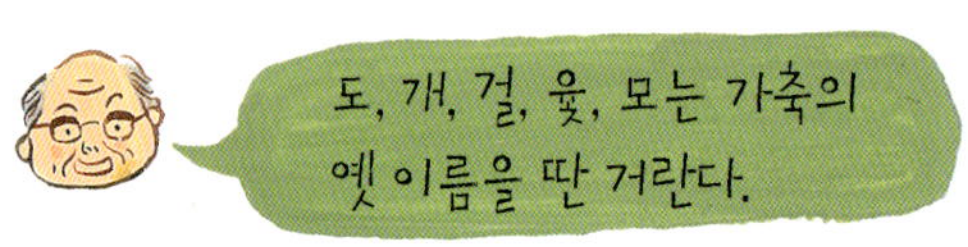

윷놀이

윷가락 네 개를 던져 나온 결과에 따라 말판의 말을 움직여서 모든 말이 출발점에 먼저 들어오는 편이 이기는 놀이예요.

연싸움
서로의 연줄을 얽히게 해서
연줄을 끊는 놀이예요.
상대의 연줄을 끊는 사람이 이겨요.

시끌벅적했던 윷놀이가 끝난 뒤
보름이와 동호는 언덕 위로 뛰어 올라갔어요.
"내 가오리연이 더 높이 날걸?"
보름이가 연줄을 잡고 달리며 말했어요.
"내 방패연은 세찬 바람에도 끄떡없어!"
동호도 지지 않고 말했어요.

연날리기
바람을 이용하여 연을 하늘 높이 띄우는
놀이예요. 누구의 연이 더 높이 나는지,
재주를 잘 부리는지 겨뤄요.

널뛰기
긴 널빤지의 중간을
짚단이나 가마니로 받치고
양쪽에서 쿵덕쿵덕 번갈아
뛰어오르는 놀이예요.

음력 1월 15일

새해 첫 보름달이 뜨는 날, 정월 대보름

보름이는 모처럼 일찍 일어나 동호를 찾아갔어요.
"동호 형, 일어났어? 나동호! 뚱호야!"
아무리 불러도 기척이 없었어요.
그때 갑자기 방문이 벌컥 열리더니 동호가 튀어나왔어요.
"나보름! 내 더위 사 가라!"
"치, 내가 먼저 이름 불렀는데 이런 게 어디 있어?
더위 팔려고 형이라고 불렀단 말이야. 에잇, 약 올라!"
더위를 팔러 온 보름이는 오히려 동호에게 당하고 말았어요.
"오늘이 정월 대보름인지 내가 모를 줄 알았냐?"
동호는 혀를 쏙 내밀고는 도망갔어요.

더위팔기

정월 대보름 아침에 제일 처음 만나는 사람의 이름을 불러 그 사람이 대답하면 "내 더위 사 가라!" 하고 말해요. 더위를 팔면 그해 여름에 더위를 타지 않는다고 믿었어요.

"얘들아, 그만들 싸우고 부럼 까라!"
할머니가 부럼과 함께
정월 대보름 음식을
한가득 차려 왔어요.
오곡밥과 묵은 나물 반찬,
달콤한 약밥까지 푸짐한 한 상이에요.

마을 회관 앞에서는 한바탕 놀이마당이 벌어졌어요.
아이도 어른도 모두 신이 난 잔치예요.
풍물패의 흥겨운 풍물 소리가 온 마을에 울렸어요.
지신밟기에 나선 사람들은 집집마다 평안하고 풍년이 들길 바랐어요.
"얼씨구나절씨구나! 창수네도 부자 되고, 동호네도 건강하소!"
징 소리와 함께 줄다리기가 시작되었어요.
"영차, 영차!"
"우리 편 이겨라!"
줄다리기는 쉽게 승부가 나지 않았어요.
하지만 힘을 모아 줄을 당기는 사람들의 얼굴에는 웃음이 번졌어요.
"얼쑤, 아무나 이겨라!"

줄다리기
편을 갈라 굵은 밧줄을 당기는 놀이예요. 정월 대보름 줄다리기에서 이긴 편은 그해 농사가 잘된다고 여겼어요.

지신밟기

마을 풍물패가 집집마다 돌며
땅을 밟았어요. 이렇게 하면
집터를 지키는 지신이 집주인에게
복을 가져다준다고 생각했어요.

달집태우기

보름달이 떠오르면 미리 만들어 둔 달집에 불을 붙였어요. 달집이 활활 타올라야 마을의 일이 잘 풀린다고 생각했어요.

쥐불놀이

불을 놓아 논을 태우고 쥐를 쫓는 놀이예요. 해충까지 없애 농사에 도움이 되었지요. 아이들은 깡통에 불을 지펴 빙빙 돌리며 놀기도 했어요.

뒷동산에 커다란 대보름달이 둥실 떠올랐어요.
달맞이를 나간 보름이는 달을 보며 소원을 빌었어요.
'올해는 쑥쑥 자라서 동호 형보다
키가 커지면 좋겠어요.'
마을 어른들이 나뭇가지와 볏짚을 쌓아 만든
달집에 불을 놓았어요.
"나쁜 기운은 물러가고 좋은 일만 가득해라."
타닥타닥 소리 내며 타는 달집을 보고
할아버지가 말했어요.
"보름아, 논둑으로 쥐불놀이하러 가자."
보름이는 깡통을 들고 뛰어가는
동호를 따라갔어요.
밤하늘이 대낮처럼 환하게 빛났어요.

달맞이

보름달이 떠오르면 높은 곳에 올라 달을 보며 소원을 빌었어요. 달빛을 보며 그해 농사를 미리 점치기도 했어요.

다리밟기

정월 대보름 밤에 다리를 밟으면 일 년 동안 다리에 병이 생기지 않는다고 해서 다리 위가 시끌벅적했어요.

동지로부터 105일째 되는 날

성묘하는 날, 한식

겨우내 얼어붙었던 땅이 슬슬 풀리기 시작했어요.

"도시락 싸 가지고 소풍 가는 줄 알았어요."

"한식은 조상의 산소에 찾아가 인사를 하고 산소를 손보는 날이란다.
겨울 동안 허물어진 흙도 다지고 잔디도 손질하는 거지."

증조할아버지 산소의 풀을 뽑으며 투덜거리는 동호에게 할아버지가 말했어요.

"차가울 한(寒), 밥 식(食), 한식이죠?
더운 밥 대신 차가운 밥을 먹는 날이잖아요."

풀이 죽은 동호 옆에서 보름이가 아는 체를 했어요.

"할아버지, 따뜻한 밥 놔두고 왜 찬밥을 먹어요?
전 찬밥 먹기 싫어요."

"허허, 그건 말이다……."

한식에는 왜 찬밥을 먹을까?

아주 먼 옛날부터 해마다 새 불을 만드는 의식이 있었어. 오래된 불에는 생명력이 없다고 여겼거든.

이 풍습이 이어져 조선 시대에는 한식에 새 불을 일으켜 임금님께 바쳤어. 임금님은 새 불을 곳곳에 나누어 주었어.

백성들은 일 년 동안 쓰던 묵은 불을 끄고 나라에서 나누어 주는 새 불을 기다렸어.

새 불을 받을 때까지 불을 쓰지 못하니 미리 지어 둔 찬밥을 먹게 된 거야.

또 한식은 건조하고 바람이 많이 부는 때라 불을 조심하자는 의미에서 불을 쓰지 않았다고 해.

음력 3월 3일

꽃놀이하는 날, 삼짇날

"할머니, 처마 밑에 제비가 둥지를 틀었어요. 아기 새들도 있나 봐요."
"삼짇날이라 새도 날아들고 꽃도 피어 봄기운이 가득하구나."
보름이의 말에 할머니도 함박웃음을 지었어요.
뒷산에서 향긋한 꽃향기가 풍겨 왔어요.
"할머니, 우리도 어서 꽃놀이하러 가요."
연우가 할머니를 졸랐어요.
할머니는 곱게 지진 진달래 화전을 채반 가득 담았어요.

풀싸움

여러 가지 풀을 뜯어다가 풀잎이 많고 적음을 겨루고, 긴 풀잎을 엇걸어 상대의 풀잎을 끊는 놀이예요.

꽃놀이

경치 좋은 산과 들로 나가서 화전을 부쳐 먹고 꽃을 보며 놀았어요. 화전놀이, 꽃 다림이라고도 해요.

풀각시놀이
나뭇가지로 만든 몸에 풀 줄기로 머리를 땋아 붙이고, 헝겊으로 만든 옷을 입혀 각시 인형을 만들었어요.

버들피리 불기
물이 오른 버드나무 가지를 꺾어 비틀어서 속은 내버리고, 껍질로 피리를 만들어 불고 놀았어요.

폴짝폴짝 발걸음이 가벼워요.
노랑나비가 날아드는 낮은 언덕에는 꽃놀이가 한창이에요.
아이들은 파릇파릇 돋아난 풀잎과
물이 오른 버드나무 가지를 모았어요.
연우는 풀각시를 만드느라 손에 풀물이 들었어요.
동호는 여린 버드나무 가지를 잘라 피리를 만들었어요.
동호의 버들피리에서 맑고 예쁜 소리가 났어요.
보름이는 흘끔흘끔 곁눈질하며 동호를 따라 했지만
보름이의 피리에서는 소리가 나지 않았어요.
들릴락 말락 한 목소리로 보름이가 말했어요.
"나도 피리 하나 만들어 줘, 형."
동호가 웬일로 아무 말없이 버들피리를 만들어 보름이에게 건넸어요.

음력 5월 5일

건강을 다지며 여름을 대비하는 날, 단오

나뭇잎은 푸르고 앵두는 알알이 탐스럽게 익었어요.
마을 사람들은 서로 도와 힘든 모내기를 잘 끝냈어요.
"오늘은 풍년을 빌며 하늘에 제사를 지내고
신명 나는 놀이를 즐기며 건강을 다지는 날이란다."
할아버지는 색이 고운 앵두화채와 수리취떡을 먹으며
단오에 대해 이야기해 주었어요.
"너희 할머니를 처음 만난 날이 단오였단다."
"창포물에 머리 감고 단오빔 차려입고 나들이하다가 만났지."
할머니도 그날을 떠올리며 말했어요.
"그날 내가 너희 할머니에게 단오 부채를 선물했어.
한눈에 반했거든."
할아버지는 할머니를 흐뭇하게 바라보았어요.
"보름아, 너도 옆집 혜인이에게 부채 선물해 봐."
동호가 놀리자 보름이의 볼이 발갛게 물들었어요.

수리취떡
수리취나 쑥을 넣어 만든
수레바퀴 모양의 떡으로
단오에 만들어 먹었어요.

단오 부채
다가올 여름 더위에도
건강하게 지내라는 마음을 담아
단오에 부채를 선물했어요.

창포물에 머리 감기

창포를 삶은 물로 머리를 감으면 머리카락에 윤기가 돌고 좋은 냄새가 나요.

탈놀이

탈을 쓰고 특정한 사람이나 동물로 분장하여 춤추고 대사를 말하는 연극이에요. 단오, 추석 같은 명절과 나라의 중요한 행사 때 탈놀이를 했어요.

"아, 아, 알려 드립니다.
단오를 맞아 그네뛰기와 씨름 대회가 열릴 예정입니다."
이장님의 목소리가 느린 마을 곳곳에 울려 퍼졌어요.
"이 할미가 젊었을 때는 우리 마을에서
그네를 제일 잘 뛰었단다."
할머니가 뽐내며 말했어요.
"그땐 참 고왔지."
할아버지도 한마디 거들었어요.
"뭘 그렇게 멍하게 보냐?
혜인이가 그네 타는 거 보는 거지?"
동호가 보름이를 놀려 댔어요.

그네뛰기
단오에는 마을의 큰 나무에 맨 그네를 뛰고 놀았어요. 그네를 타고 높은 나뭇가지에 달린 방울을 울려 승부를 가렸어요.

"보름아, 아빠가 꼭 일등 해서 황소 타 올게."

큰소리치며 씨름 대회에 나간 아빠는 들배지기 한판으로 져서 탈락했어요.

어른들의 씨름 대회는 창수 아빠가 장사가 되면서 끝났어요.

씨름판이 다시 떠들썩해졌어요.

"이영차, 창수 이겨라!"

"으라차차, 동호 이겨라!"

우승 후보인 동호와 창수의 씨름 경기에 응원 소리가 커졌어요.

창수의 무릎이 먼저 땅에 닿는 바람에 동호가 아슬아슬하게 이겼어요.

"우리 마을 소년 장사에게 커다란 황소 인형을 드립니다!"

"우아, 뚱호 형! 4학년인 창수 형을 이기다니 대단해."

보름이의 축하에 동호는 황소 인형을 내밀었어요.

"이거 네가 가질래? 혜인이한테 줘도 돼."

음력 6월 15일

시원하게 물놀이를 즐기는 날, 유두

햇살이 따가운 여름날이에요.
동호네 밭에 온 가족이 모였어요.
"올해는 수박도 참외도 풍년이구나."
등줄기에 땀이 흐를 무렵,
할머니가 새참을 들고 왔어요.
"맛있는 유두면과 밀전병, 수단과
건단 드세요."

유두면

유두에 햇밀로 만들어 먹는 국수예요. 유두면을 먹으면 더위를 타지 않는다고 여겼어요.

동호는 햇밀로 만든 반질반질한 유두면을 보고 군침을 흘렸어요.
"오빠, 이 목걸이 예쁘지? 할머니가 만들어 주셨어."
졸래졸래 따라온 연우가 오색 목걸이를 보이며 자랑했어요.
"동호와 보름이 것도 여기 있단다.
옛날부터 유두에 밀가루로 만든 오색 구슬을
색실로 꿰어 차고 다니면, 나쁜 일이
생기지 않는다고 믿었지."
보름이와 동호는 할머니에게
받은 목걸이를 목에 걸고
맛있게 새참을 먹었어요.

밀전병
햇밀가루에 채 썬 애호박을 섞어서 동그랗고 얇게 지진 음식이에요.

건단
쌀가루를 동글동글하게 빚어 삶은 떡이에요. 그냥 먹거나 꿀을 발라 먹어요.

수단
동글동글하게 빚은 쌀떡을 시원한 꿀물에 담가 먹는 음식이에요.

할머니는 논둑에 제사상을 차렸어요.
그리고 오늘 딴 것 중 제일 큰 수박과 참외, 그리고 국수와 떡을 올렸어요.
"수확한 햇과일과 햇곡식을 농사의 신께 드리는 거란다."
모두 한 해 농사가 잘되기를 바라며 정성껏 빌었어요.
"농사의 신, 땅의 신이시여!
배불리 드시고 올가을에도 풍년이 들게 해 주세요."
동호의 기도에 모두 웃음을 터뜨렸어요.
"할아버지, 너무 더워요."
"그래. 다들 고생했다. 이제 물놀이하러 가자."
"와, 신난다!"
계곡에 도착하자 큰아버지가 수박과 참외를
차가운 계곡물에 띄워 놓았어요.

"유두에는 동쪽으로 흐르는 맑은 물에 머리를 감고
목욕을 한다는 뜻이 들어 있단다.
나쁜 기운을 떨치고 건강하게 여름을 나려는 거지."
할머니의 말에 동호는 양손 가득 물을 담아
보름이 쪽으로 첨벙첨벙 뛰어들었어요.
"에이, 옷이 다 젖었잖아."
동호의 장난에 보름이가 투덜댔어요.
"잘됐네. 그럼 우리 아예 목욕이나 하자."
가족들은 옥신각신하는 보름이와 동호를 바라보며
미소를 지었어요.

음력 7월 7일

견우와 직녀가 만나는 날, 칠석

지루한 장마가 끝나고 모처럼 볕이 좋은 날이에요.
빨랫줄에 널어놓은 옷가지들이 팔락팔락 바람에 날렸어요.
"오늘 대청소하는 날이에요?"
보름이가 평상에 책을 꺼내 놓고 있는 할아버지에게 물었어요.
"오늘이 칠석이란다. 칠석에 옷과 책을
햇볕에 말리면 일 년 내내 좀이 슬지 않는다는구나."
"앗, 그럼 내 책도 말려야지."
동호도 만화책을 잔뜩 들고 나왔어요.
그때 만화책 속에서 시험지 한 장이 툭 떨어졌어요.
"이게 뭐지? 푸하하하!
나동호, 국어 40점!"

"할아버지가 칠석에 얽힌 사랑 이야기를 들려줄까?"
아옹다옹하던 보름이와 동호가 할아버지의 말에
귀를 쫑긋하고 앉았어요.

견우와 직녀 이야기

오작교
까마귀 오(烏), 까치 작(鵲), 다리 교(橋)

밤하늘에 쏟아질 듯 별이 가득해요.
"얘들아, 오늘은 할아버지랑 옛날 서당의 학동처럼 칠석맞이 시 짓기를 해 볼까?"
보름이가 견우와 직녀 이야기를 떠올리며 한 자 한 자 적는 동안 동호는 꼬박꼬박 졸고 있었어요.
"뚱호 형! 꿈속에서 시 짓는 거야?"
보름이의 말에 머쓱해진 동호는 입을 삐죽거렸어요.
"쳇, 네가 지은 시로 혜인이한테 고백이나 하지그래?"

보름이는 아빠와 함께 평상에 드러누워 별을 쳐다보았어요.
"아빠, 견우별과 직녀별이 진짜로 있어요?"
"그럼, 물론이지. 우리 같이 찾아볼까?"
아빠는 하늘 한가운데 있는 뿌연 은하수를 가리켰어요.
"우리 머리 꼭대기에서 밝게 빛나고 있는 저 별이 직녀별이야."
"그럼 직녀별과 마주 보고 있는 별이 견우별인가요?"
"그래, 칠석 무렵이면 멀리 떨어져 있던 두 별이 가까워진 것처럼 보이지."
"옛 사람들이 이걸 보고 견우와 직녀가
일 년에 한 번씩 만난다고 생각했나 봐요."
보름이는 아빠가 찾아 준 견우별과 직녀별을 보며 혜인이를 생각했어요.

음력 8월 15일

수확을 감사하는 날, 추석

선선한 가을바람이 불어왔어요.
들녘의 황금빛 벼는 고개를 숙이고,
주렁주렁 열린 감은 주홍빛으로 변했어요.
추석을 앞두고 집이 북적북적해졌어요.
어른들은 햇곡식과 햇과일로
차례 음식을 준비하고 있어요.
동호는 배불리 먹을 생각에
기분이 좋아졌어요.
"어서 와서 송편 빚어야지."
할머니가 아이들을 불렀어요.

송편

① 쌀가루를 뜨거운 물로 반죽해요.

② 소로 넣을 팥, 콩, 깨,
밤 등을 준비해요.

할머니의 추석 요리 교실

토란국

① 토란을 쌀뜨물에
데쳐요.

② 물에 쇠고기를 넣고 끓여서
국물을 만들어요.

③ 국물에 다시마와 토란을
넣고 끓여요.

④ 채 썬 파를 넣고, 소금과
간장으로 간을 맞춰요.

"동호 송편은 보름달처럼 크구나. 하나만 먹어도 배부르겠네. 보름이는 송편을 예쁘게 빚었으니 예쁜 각시를 얻겠구나!" 예쁜 각시라는 말에 보름이는 입이 함박만 해졌어요.

③ 동그랗게 만든 반죽에 소를 넣어 반달 모양으로 빚어요.

④ 솔잎을 깔고 그 위에 송편을 올려 쪄요.

화양적

① 쇠고기, 도라지, 버섯 등을 짤막하게 잘라요.

② 각 재료에 간장, 참기름, 깨소금, 파를 넣고 양념해요.

③ 양념한 재료를 각각 볶아서 익혀요.

④ 꼬챙이에 색을 맞추어 꿰어요.

추석 아침이 밝았어요.
가족 모두 단정하게 차려입고 차례를 지냈어요.
"한 해 농사 잘되게 돌봐 주셔서 감사합니다."
"조상님, 제가 직접 만든 대왕 송편도 맛보세요."
너스레를 떠는 동호 때문에 와르르 웃음이 터졌어요.
"더도 말고 덜도 말고 늘 한가위만 같으면 좋겠구나."
할아버지가 허허 웃으며 말했어요.
"한가위요?"
"한가위는 추석을 부르는 또 다른 이름이란다."

소놀이
소 흉내를 내면서 여러 집을
돌아다니며 복을 기원하는 놀이예요.

풍물놀이
태평소, 소고, 꽹과리, 북, 장구, 징 등의 풍물을 연주하면서
노래하고 춤을 춰요. 곡예를 곁들이기도 해요.

느린 마을 곳곳에서 흥겨운 추석놀이가 시작되었어요.
풍물패가 꽹과리, 북, 장구, 징을 치며 마을을 한 바퀴 돌았어요.
풍물 소리에 어깨가 들썩들썩해요.
멍석을 덮어쓰고 소로 변장한 소몰이꾼이 할아버지 집으로 들어왔어요.
"소가 배가 고파서 왔습니다. 짚여물과 쌀뜨물을 주시오."
"소야, 한 해 동안 농사짓느라 고생했다."
할머니는 사람들에게 정성껏 음식을 대접했어요.
배불리 먹은 소몰이꾼과 풍물패가
할아버지 집에 복을 빌어 주었어요.

어느새 밤이 되었어요.
휘영청 떠오른 밝은 달이 마을을 환히 비췄어요.
달빛 아래에서 여자들이 손을 잡고 빙빙 돌며 신명 나게 노래했어요.

달 떠 온다, 달 떠 온다. 강강술래.
저 달이 뉘 달인가. 강강술래.

강강술래

보름달이 뜨면 여자들이 둥글게 둘러서서 노래를 부르며 춤을 추는 놀이예요. 목청 좋은 사람이 먼저 노래를 부르면 나머지 사람들이 "강강술래"라고 받았어요. 노래를 부르며 빙빙 돌다가 다양한 놀이를 곁들였어요.

남생아 놀아라

사람들이 원을 그리며 돌다가 춤을 잘 추는 사람 몇 명이 원 안으로 들어가 곱사춤, 남생이 춤 등을 춰서 사람들을 웃겼어요.

문 열기 놀이

둘씩 짝을 이루어 문을 만들고 그 문 밑으로 다른 사람들이 빠져나가는 놀이예요.

음력 9월 9일

가을을 즐기는 날, 중양절

어느덧 날씨가 추워졌어요.
제비 가족이 둥지를 떠나고, 벌판에는 기러기들이 줄지어 날아다녀요.
큰아버지와 아빠는 콩과 팥, 고구마, 배추를 거둘 생각에 마음이 바빴어요.
"옛 사람들은 중양절에 산에 올라 국화주와 국화전을 먹으며 단풍놀이를 했단다.
우리도 가을 소풍을 가자꾸나."
보름이와 동호는 할아버지를 따라나섰어요.
"할아버지, 알록달록 단풍이 참 예뻐요."
"옛 선비들은 시 쓰기 대회를 열었다는데, 우리는 그림을 그려 볼까?
멋지게 그린 사람에게는 국화전과 유자 화채를 상으로 주마."
보름이와 동호는 커다란 바위 위에 앉아 그림을 그렸어요.

명절 날짜의 비밀

우리 조상들은 홀수를 밝은 기운이 많은 수라고 생각해서 홀수가 운을 좋게 한다고 여겼어요. 특히 홀수가 겹친 날은 복이 들어오는 날이라고 생각해서 명절로 삼은 날이 많았어요.

음력 1월 1일, 3월 3일, 5월 5일, 7월 7일, 9월 9일이 명절인 것도 이러한 이유예요.

양력 12월 22일 무렵

밤이 가장 긴 날, 동지

제법 코끝이 시린 겨울날이에요.
할머니는 팔팔 끓고 있는 팥죽을 한 그릇 푹 퍼 주었어요.
"제가 형이니까 보름이보다 많이 주세요."
동호가 할머니를 졸랐어요.
"동지에는 왜 팥죽을 먹어요?"
뜨거운 팥죽을 호로록거리며 먹던 보름이가 물었어요.
"팥죽의 붉은색이 못된 귀신을 쫓아낸다는구나.
팥은 몸을 건강하게 해 주기도 하지."

동지 팥죽

팥을 삶아 만든 죽이에요. 찹쌀가루로 만든 새알심을 나이 수만큼 넣어 먹어요. 옛날에는 집 안 곳곳에 팥죽을 뿌려 나쁜 귀신을 쫓았어요.

달력 선물

옛날에는 천문, 지리, 기후와 관련된 일을 하는 관상감에서 동지에 달력을 만들어 임금님께 바치고 관리들에게 나누어 주었어요. 동지 달력은 귀한 선물이었어요.

길고 긴 동지 밤, 명절 수수께끼 대회가 열렸어요.
"많이 맞힌 사람에게 할아버지가 만든 새해 달력을 주마."
모두 멋진 그림이 그려진 새 달력을 탐냈어요.
"일 년 중 밤이 가장 길고 낮이 가장 짧은 날은?"
보름이도 동호도 귀를 쫑긋하고 손을 번쩍 들었어요.
"동지!"
"바로 오늘."
"둘 다 맞았다. 동지 다음 날부터 해가 다시 길어지니 한 해가 시작된다고 생각했지."
"그래서 동지를 '작은설'이라고도 부르잖아요."
"동지를 지나야 한 살 더 먹는다는 속담도 있어요."
보름이의 말에 동호도 질 수 없다는 듯 소리쳤어요.
"허허! 둘 다 척척박사가 다 되었구나."
할아버지는 뿌듯한 마음에 웃음이 절로 났어요.

동지헌말

동지에 며느리들이 버선을 만들어 시집의 여자 어른들께 선물했어요. 동지부터 새해 며칠 동안 새 버선을 신으면 건강하게 오래 산다고 믿었어요.

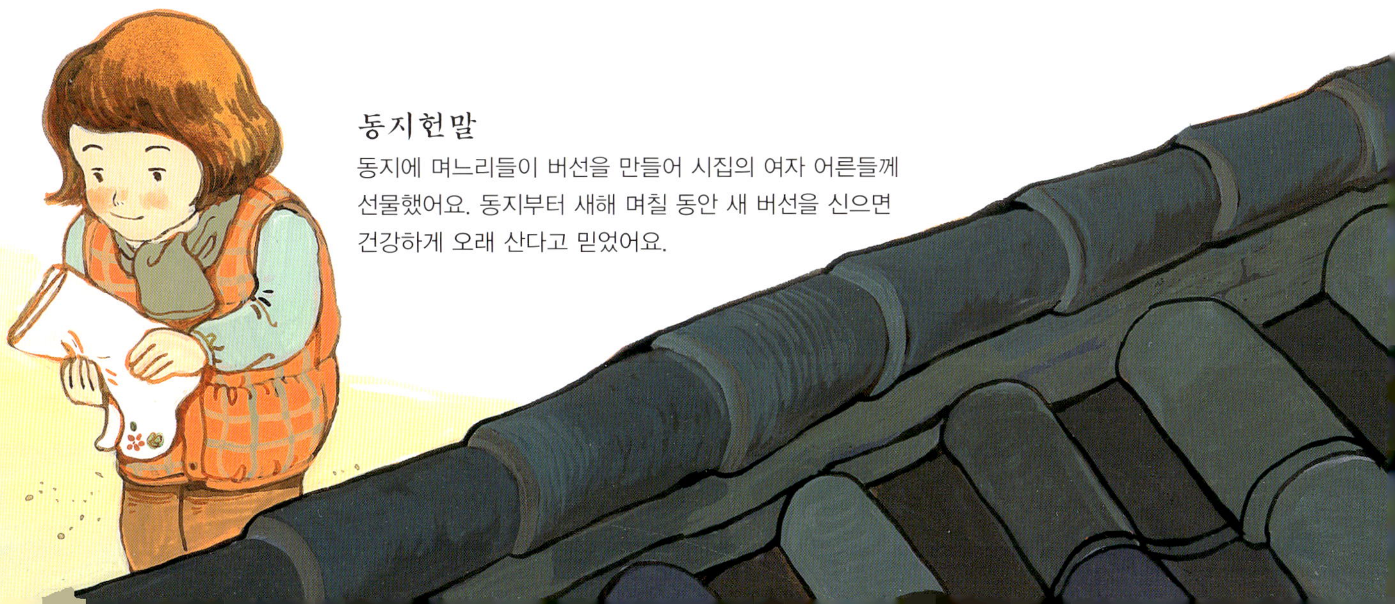

음력 12월 마지막 날

한 해를 마무리하는 날, 섣달그믐

가족 모두 함께 집 안 구석구석을 청소하고
큰 양푼에 남은 밥과 반찬을 한데 넣고 썩썩 비벼 먹었어요.
날이 어두워지자 할머니는 뜰과 대문에까지 불을 밝혔어요.
"할머니, 왜 불을 다 켜 두시는 거예요?"
보름이가 물었어요.
"조왕신이 돌아오는 섣달그믐이거든."
"조왕신이 누군데요?"
"조왕신은 부엌에 살면서 집을 보살피는 착한 귀신이야.
하늘의 옥황상제께 집안 소식을 알리고 돌아온단다."
"그럼 착한 일을 많이 해야겠네요?"
"옳지. 그래야 복을 내려 주시겠지."
보름이는 조왕신이 길을 잃지 않고
집을 잘 찾아오기를 바랐어요.

조왕신 맞이

조왕신은 부엌에 살면서 집안을 보살피는 귀신이에요.
옥황상제에게 갔던 조왕신이 잘 돌아오라고
섣달그믐 밤에 집 안팎을 환히 밝혀 두었어요.

묵은세배
섣달그믐 저녁에 집안 어른들께 한 해를 잘 보냈다는 인사로 절을 올렸어요.

흰 눈이 소복소복 쌓였어요.
보름이와 동호는 할아버지께 묵은세배를 올렸어요.
"한 해 동안 명절 이야기 들려주셔서 감사합니다."
"너희가 잘 들어 주어서 할아비가 더 즐거웠단다."
동호가 보름이에게 오백 원을 불쑥 내밀었어요.
"저번에 빌린 돈 갚을게."
"섣달그믐이라 묵은빚 갚는 거야?"
"그래. 내년에는 더 재미있게 놀자."
"뚱호 형이 있어서 느린 마을이 재미있었어."
낯설기만 했던 느린 마을이
이제는 즐겁고 푸근한 곳이 되었어요.

빚 갚기
남에게 빚을 진 사람은 해를 넘기지 않으려고 섣달그믐에 갚으러 다녔어요.

"애들아, 이제 신발 감춰야지?"
할아버지가 마루에 앉아 말했어요.
"왜 신발을 감춰요?"
동호가 물었어요.
"오늘 밤에 야광귀가 오잖니.
신발 좋아하는 귀신 말이다."

야광귀 이야기

보름이와 동호는 귀신이 온다는 말에
덜컥 겁이 났어요.
"보름아, 빨리 네 신발 줘 봐.
내 거랑 같이 숨겨 줄게."
"형, 체는 내가 걸게."
보름이와 동호가 한마음이 되어
이리저리 뛰어다니는 모습을 보고
할아버지가 빙긋 웃었어요.

행복했던 느린 마을의 한 해

“할아버지, 섣달그믐 밤에 잠을 자면
정말 눈썹이 하얗게 세요?”
“에헴, 그렇고말고.”
“자꾸만 눈꺼풀이 무거워져요.”
방 안에서 할아버지와 동호의 말소리가
들려왔어요.
‘밤새도록 잠들지 않고 새해를 맞이할 거야.’
문밖에 선 보름이는 동호가 잠들기를 기다리며
눈을 부릅떴어요.
밀가루 봉지를 손에 쥔 채로 말이에요.
내일 아침이면 동호 눈썹이 새하얗게
변해 있을 거예요.
보름이는 동호를 놀려 줄 생각에
헤실헤실 웃음이 났어요.

해지킴

섣달그믐 밤에는 집을 환히 밝히고
밤을 새워 새해를 맞이했어요.
이날 잠을 자면 눈썹이 하얗게 된다고
겁을 주고, 잠든 아이의 눈썹에
흰 가루를 묻히는 장난을 쳤어요.

재미있게 풀고
알차게 공부하는

열두 달 명절과 놀이 워크북

1단계 스스로 테스트

나는 우리 전통문화를 얼마나 알고 있을까요?

예로부터 이어져 내려오는 생각과 행동이 모여 전통문화를 이루어요. 김치, 떡, 한복, 한글 등이 모두 전통문화이지요. 전통문화는 우리의 모습을 만든 뿌리라고 할 수 있어요. 아래 내용을 읽고 맞으면 O에, 틀리면 X에 표시하세요. 다음 쪽의 정답과 비교하며 전통문화에 대해 생각해 보기로 해요.

① 한글은 우리의 독창적인 글자이다. O X

② 한복은 중국에서 전해진 옷이다. O X

③ 한옥은 우리 조상들이 살던 전통 집이다. O X

④ 우리나라에는 예로부터 이어져 온 우리 고유의 탈놀이가 있다. O X

⑤ 옛날 도구는 오늘날의 도구와 아무 상관이 없다. O X

⑥ 명절은 최근에 생겨났다. O X

⑦ 차례는 설과 추석에 지내는 제사이다. O X

⑧ 오늘날에도 명절, 계절에 따라 먹는 음식이 옛날과 비슷하다. O X

⑨ 설에는 어른들께 세배를 드린다. O X

⑩ 우리나라는 예로부터 부모님을 공경하는 '효'를 중요하게 생각했다. O X

⑪ 우리 문화가 우수하므로 다른 나라의 문화를 알 필요는 없다. O X

⑫ 전통문화는 지역과 자연환경에 따라 조금씩 다르다. O X

⑬ 전통문화를 지키지 않아도 괜찮다. O X

⑭ 전통문화는 내 생활과 전혀 상관이 없다. O X

아래 정답을 보며 몇 개가 맞았는지 세어 보세요.

① O 한글은 세종 대왕과 집현전 학자들이 만들었어요. 유네스코 세계기록유산으로 지정될 만큼 우수한 우리의 글자예요.

② X 한복은 조상들의 멋과 슬기가 담긴 우리 고유의 옷이에요.

③ O 한옥은 우리의 전통 집이에요. 나무와 짚, 흙, 한지 등 자연에서 얻은 재료를 사용해 옛날부터 내려오는 방식으로 지어졌어요.

④ O 우리나라에는 예로부터 이어져 온 우리 정서에 맞는 고유의 탈놀이가 있으며 지역마다 형태가 달라요.

⑤ X 온돌을 이용한 보일러, 김장독을 이용한 김치냉장고, 인두를 이용한 다리미 등 옛것의 좋은 점을 이용해 만든 오늘날의 생활 도구들이 많이 있어요.

⑥ X 명절은 예로부터 해마다 지키며, 즐기고 기념하는 날이에요. 오늘날에도 이어져 오고 있지요.

⑦ O 차례는 설과 추석에 조상들께 음식을 바치며 정성을 다하는 제사예요.

⑧ O 우리 조상들은 건강과 복을 기원하며 명절과 계절에 맞춘 다양한 음식을 만들어 먹었어요. 명절과 계절에 먹는 전통 음식은 오늘날까지 이어져 오고 있어요.

⑨ O 세배는 설에 집안의 어른들께 큰절을 올리면서 하는 새해 인사예요.

⑩ O 효는 부모님과 조상을 위하고 잘 돌보는 일이에요. 우리나라는 예로부터 효를 중요하게 생각했어요.

⑪ X 나라마다 고유한 문화가 있어요. 우리 문화만 우수하다는 생각에서 벗어나 다른 나라의 문화도 존중해야 해요.

⑫ O 지형, 기후와 같은 자연환경은 사람들의 생활 모습과 문화에 영향을 주어요. 그래서 지역마다 조금씩 다른 모습으로 전통문화가 만들어지기도 했어요.

⑬ X 조상들이 전해 준 소중한 전통문화를 아끼고 잘 지켜서 우리의 후손에게도 전해 주어야 해요.

⑭ X 김치, 한글, 한복, 한옥 등 전통문화는 우리 생활 곳곳에서 찾아볼 수 있어요. 전통문화는 내 생활과 연결되어 있답니다.

내 상태는?

맞은 개수 10~14개

짝짝짝!
전통문화 척척박사군요!

맞은 개수 5~9개

조금만 더 노력하면
전통문화 박사가 될 거예요.

맞은 개수 0~4개

전통문화에 좀 더 관심을
가져 보세요.

2단계
개념 확인 활동

우리 명절 미로 찾기

연우가 오빠들에게 가려고 해요. 연우가 잘 찾아갈 수 있게 도와주세요. 표지판의 설명이 맞으면 O쪽, 틀리면 X쪽으로 가세요.

개념 쏙쏙 명절은 해마다 지키며, 즐기고 기념하는 날이에요. 농사를 짓고 살던 우리 조상들은 계절에 맞게 일하고 쉬는 날을 정했어요. 명절에는 음식을 마련하여 조상에게 제사를 지내고, 다양한 놀이와 함께 복을 부르는 특별한 일들을 했어요.

2단계 개념 확인 활동

명절에 무엇을 하며 놀까요?

느린 마을에서 명절놀이가 한창이에요. 친구들의 설명을 잘 읽고 알맞은 놀이와 이 놀이를 주로 하는 명절을 찾아 줄을 그으세요.

강강술래

설

윷놀이

단오

풀싸움

추석

그네뛰기

삼짇날

개념 쏙쏙 명절에는 온 가족과 마을 사람들이 함께 모여 다양한 놀이를 즐겼어요.

2단계
개념 확인 활동

명절에는 어떤 음식을 먹을까요?

예로부터 명절에는 계절에 맞는 다양한 음식을 만들어 먹었어요. 설명을 읽고 사다리 타기를 해서 어떤 음식인지 확인해 보세요.

다섯 가지 곡식으로 만들어서 정월 대보름에 먹어요.

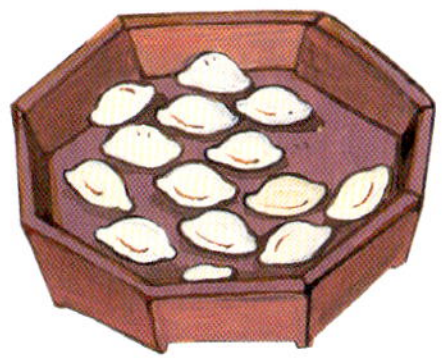

추석에 쌀가루를 반죽해 소를 넣고 반달 모양으로 빚어요.

동전 모양으로 썬 가래떡을 고깃국에 넣어 끓인 것으로, 설에 먹어요.

단오에는 수리취나 쑥으로 만든 수레바퀴 모양의 이 음식을 먹어요.

팥을 삶아 죽을 쑤고 나이 수만큼 새알심을 넣어 동지에 먹어요.

오곡밥 수리취떡 떡국 송편 동지 팥죽

개념 쏙쏙 명절에는 의미가 담긴 다양한 음식을 해 먹어요. 제철 재료를 이용해 만든 음식에는 건강을 기원하고 나쁜 것을 막으려는 마음이 담겨 있어요.

2단계 개념 확인 활동 명절 수수께끼

동지 밤에 할아버지가 명절 수수께끼를 내고 있어요. 〈보기〉에서 빈칸에 들어갈 알맞은 명절을 찾아 쓰고 할아버지께 동지 달력을 선물 받으세요.

〈보기〉 설, 한식, 추석, 섣달그믐, 정월 대보름

새해가 시작되는 날로 집안 어른들께 세배를 드리는 명절은?

새해 첫 보름달을 보며 소원을 빌고 달집을 태우는 명절은?

조상의 산소에 찾아가 인사를 하고 산소를 손보는 명절은?

수확을 기뻐하며 조상에게 고마움을 전하는 명절은?

한 해의 마지막 날로 밤을 새워 새해를 맞이하는 명절은?

개념 쏙쏙 우리 조상들은 해와 달의 움직임을 살펴 농사를 짓고 명절을 정해 휴식을 취하고, 조상이 보살펴 주는 것에 감사했어요.

3단계
창의 활동

세화 색칠하기

우리 조상들은 설에 나쁜 기운을 쫓으려고 대문에 호랑이나 닭이 그려진 세화를 붙였어요. 여러분도 세화를 칠하며 소망을 빌어 보세요.

4단계
개념 심화 학습

다른 나라의 명절도 알아볼까요?

다른 나라에도 우리 명절과 비슷한 의미의 명절이 있어요. 나라마다 문화와 자연환경 등이 다르기 때문에 명절을 보내는 모습은 다 다르지요. 우리의 설, 추석과 비슷한 다른 나라의 명절을 살펴볼까요?

새해를 맞이해요

중국의 춘절

중국 최대의 명절로 음력 1월 1일이에요. 폭죽을 터뜨려 나쁜 귀신을 쫓아요. 웃어른에게 새해 인사를 하면 덕담과 함께 세뱃돈을 빨간색 봉투에 담아 주어요. 중국 만두인 교자를 먹어요.

일본의 오쇼가츠

양력 1월 1일로 온 가족이 모여 일본식 떡국인 '조니', 조림 요리인 '오세치' 등을 먹어요. 가까운 신사나 절을 찾아가 건강과 행운을 기원해요.

태국의 송끄란

태국력 1월 1일인 송끄란은 양력으로는 4월 13일이에요. 불상에 물을 뿌리며 소원을 빌고, 주위 사람에게도 물을 뿌리며 복을 빌어 줘요. 나쁜 기운을 씻어 내 좋은 일만 생기라는 의미가 있어요.

인도의 홀리

양력 3월이지만 힌두력으로 12월 마지막 날에 열리는 인도의 새해맞이 명절이에요. 사람들이 거리로 나와 색 가루와 물감을 서로에게 뿌려요. 신분을 가리는 인도 사람들도 이때는 신분을 따지지 않아요.

수확에 감사해요

중국의 중추절

음력 8월 15일에 가족이 모여 함께 달구경을 하며 소원을 빌어요. 가족끼리 화목하게 어울리고 잘 뭉치자는 의미가 담긴 '월병'을 먹고 주위에 선물해요.

일본의 오봉절

양력 8월 15일에 조상을 기리는 명절이에요. 가족들이 고향에 모여 음식과 과일을 마련해 제사를 지내고 성묘를 해요. 오봉절 다음 날 밤에는 남녀노소가 모여 '봉오도리'라는 춤을 춰요.

미국의 추수감사절

수확에 감사하는 의미가 담긴 날로 양력 11월 넷째 목요일에 지내요. 가족들이 모두 모여 칠면조 요리, 호박 파이 등을 나누어 먹고 거리 축제를 즐겨요.

러시아의 성 드미트리 토요일

11월 8일 직전의 토요일에 가까운 친척들이 모여 햇과일과 햇곡식으로 만든 음식을 나누어 먹어요. 조상의 묘지를 찾아가 햇곡식으로 빚은 술을 올리고 새들에게도 햇곡식을 모이로 던져 주어요.

워크북 정답

55쪽

우리 명절 미로 찾기

56쪽

명절에 무엇을 하며 놀까요?

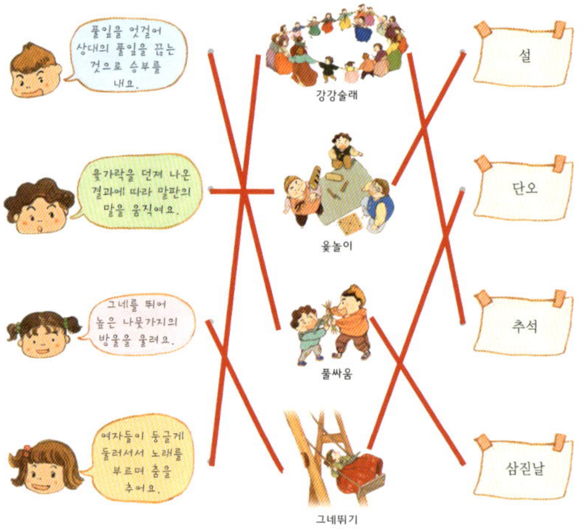

57쪽

명절에는 어떤 음식을 먹을까요?

58쪽

명절 수수께끼

교과서 개념 잡는 초등 사회그림책

열두 달 명절과 놀이

초판 1쇄 발행 2016년 2월 25일 | 초판 5쇄 발행 2024년 10월 18일

글 김수정 | **그림** 최정인 | **감수** 정연학(국립민속박물관 학예연구관)

펴낸곳 (주)가나문화콘텐츠 | **펴낸이** 김남전

편집장 유다형 | **편집** 김아영 | **디자인** 양란희

마케팅 정상원 한웅 정용민 김건우 | **경영관리** 임종열 김경미

출판등록 2002년 2월 15일 제10－2308호 | **주소** 경기도 고양시 덕양구 호원길 3-2

전화 02－717－5494(편집부) 02－332－7755(관리부) | **팩스** 02－324－9944

홈페이지 ganapub.com | **이메일** ganapub@naver.com

ISBN 978-89-5736-760-5 (74300)
978-89-5736-744-5 (세트)